Schule - sikolwa	2
Reise - kuhamba	5
Transport - kwetfutsa	8
Stadt - lidolobha lelikhulu	10
Landschaft - libala	14
Restaurant - sitolo sekudla	17
Supermarkt - isuphamakethe	20
Getränke - tinatfo	22
Essen - kudla	23
Bauernhof - lipulazi	27
Haus - indlu	31
Wohnzimmer - indzawo yamabonakudze	33
Küche - likhishi	35
Badezimmer - likamelo lekugezela	38
Kinderzimmer - likamelo lemntfwana	42
Kleidung - timphahla tekugcoka	44
Büro - lihhovisi	49
Wirtschaft - umnotfo	51
Berufe - tikhundla	53
Werkzeuge - emathulusi	56
Musikinstrumente - insimbi yemculo	57
Zoo - i-zoo	59
Sport - temidlalo	62
Aktivitäten - imisebenti	63
Familie - umndeni	67
Körper - umtimba	68
Krankenhaus - sibhedlela	72
Notfall - simo lesiphutfumako	76
Erde - Umhlaba	77
Uhr - liwashi	79
Woche - liviki	80
Jahr - umnyaka	81
Formen - kubumbeka kwetintfo	83
Farben - imibala	84
Gegenteile - lokwehlukile	85
Zahlen - tinombolo	88
Sprachen - tilwimi	90
wer / was / wie - ngubani / ini / njani	91
wo - kuphi	92

Impressum
Verlag: BABADADA GmbH, Nedderfeld 112 , 22529 Hamburg
Geschäftsführer / Verlagsleitung: Harald Hof
Druck: Books on Demand GmbH, In de Tarpen 42, 22848 Norderstedt

Imprint
Publisher: BABADADA GmbH, Nedderfeld 112 , 22529 Hamburg, Germany
Managing Director / Publishing direction: Harald Hof
Print: Books on Demand GmbH, In de Tarpen 42, 22848 Norderstedt

Schule
sikolwa

- dividieren — hlukanisa
- Tafel — libhodi
- Klassenzimmer — likilasi
- Schulhof — ligceke lesikolwa
- Lehrer — thishela
- Papier — liphepha
- schreiben — bhala
- Stift — ipeni
- Schreibtisch — lideski
- Lineal — i-ruler
- Buch — incwadzi
- Schüler — umuntfu

Ranzen

sikhwama setincwadzi tesikolwa

Federmappe

sikhwanyana semapenisela

Bleistift

ipenisela

Bleistiftanspitzer

umshini wekulolo ipenisela

Radiergummi

i-rubber

Zeichenblock

intfo yekudvweba

Zeichnung
umdvwebo

Pinsel
libhulashi lekupenda

Malkasten
libhokisi lekupenda

Schere
tikelo

Klebstoff
i-glue

Übungsheft
incwadzi yekutadisha

Hausaufgabe
umsebenti wasekhaya

Zahl
inombolo

addieren
hlanganisa

subtrahieren
susa

multiplizieren
phindzaphidza

rechnen
bala

Buchstabe
incwadzi

Alphabet
feleba

Wort
ligama

Schule - sikolwa

Text umbhalo	lesen fundza	Kreide ishogo
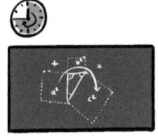	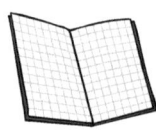	
Stunde sifundvo	Klassenbuch i-register	Prüfung sivivinyo sekugcina

Zeugnis sitifiketi	Schuluniform timphahla tesikolwa	Ausbildung imfundvo

Lexikon i-ensaklopheda	Universität inyuvesi	Mikroskop sipopolo
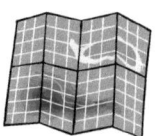		
Karte libalave	Papierkorb libhakede lekulahla emaphepha	

Schule - sikolwa

Reise
kuhamba

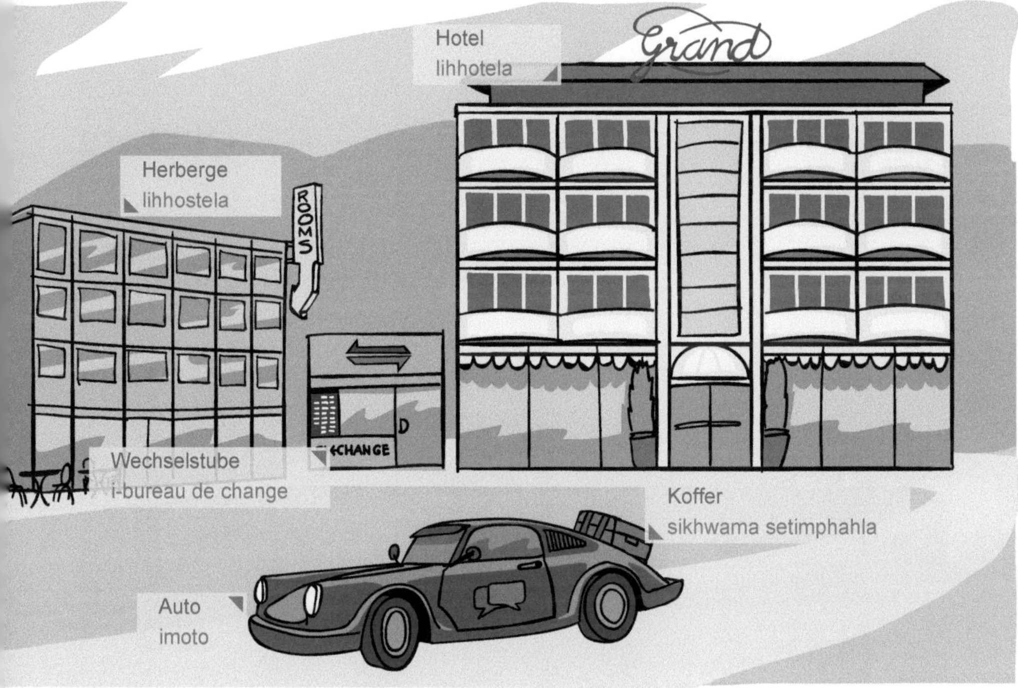

Hotel — lihhotela
Herberge — lihhostela
Wechselstube — i-bureau de change
Koffer — sikhwama setimphahla
Auto — imoto

Sprache
lulwimi

ja / nein
yebo / cha

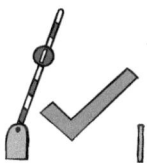

Okay
Kulungile

Hallo
sawubona

Übersetzer
umhumushi

Danke
Siyabonga

Reise - kuhamba

Was kostet...?
ingumalini i....?

Ich verstehe nicht
angivisisi kahle

Problem
inkinga

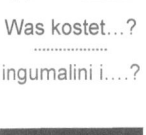

Guten Abend!
Lishonile!

Guten Morgen!
Kusile!

Gute Nacht!
Ulale kahle!

Auf Wiedersehen
sala kahle

Richtung
siçondziso

Gepäck
umtfwalo

Tasche
sikhwama

Rucksack
sikhwama lesigacwako

Gast
sivakashi

Zimmer
likamelo

Schlafsack
sikhwama sekulala

Zelt
lithende

Reise - kuhamba

Touristeninformation	Strand	Kreditkarte
mininingwane yetivakashi	ibhishi	likhadi lemali

Frühstück	Mittagessen	Abendessen
kudla kwasekuseni	kudla kwasemini	kudla kwantsambama

Fahrkarte	Fahrstuhl	Briefmarke
lithikithi	i-lift	sitembu

Grenze	Zoll	Botschaft
umcele	emakhasimende	i-embasi

Visum	Pass	
i-visa	ipasipoti	

Transport
kwetfutsa

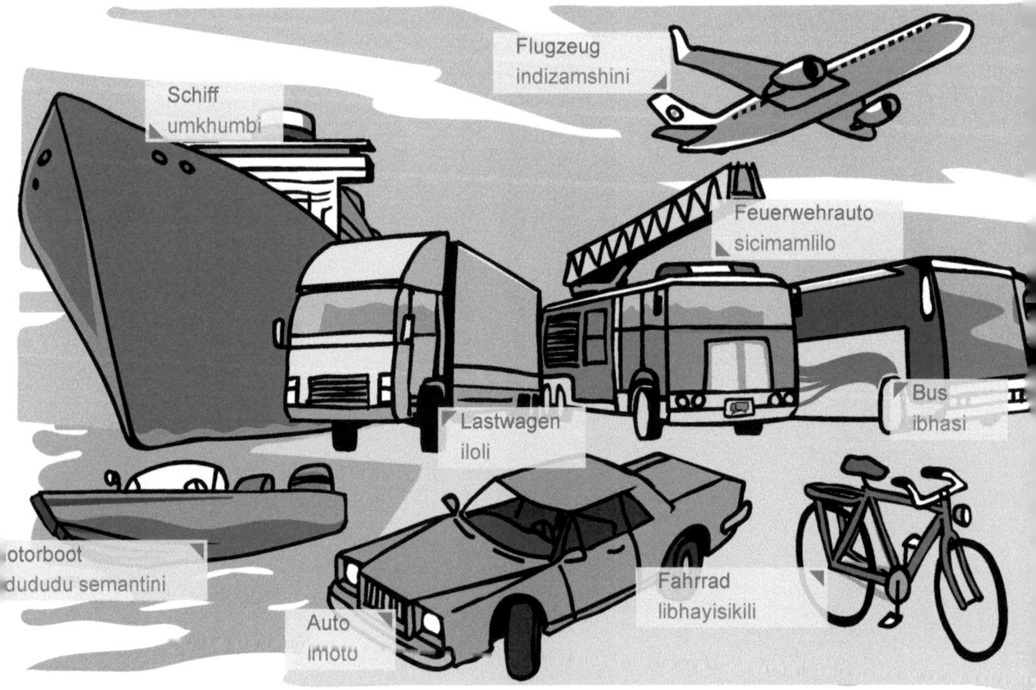

German	siSwati
Flugzeug	indizamshini
Schiff	umkhumbi
Feuerwehrauto	sicimamlilo
Lastwagen	iloli
Bus	ibhasi
Motorboot	sikebhe sematini
Auto	imoto
Fahrrad	libhayisikili

Fähre
i-ferry

Boot
sikebhe

Motorrad
sidududu

Polizeiauto
imoto yemaphoyisa

Rennauto
imoto yemjaho

Mietwagen
imoto yekucashisa

Carsharing
kubolekana imoto

Abschleppwagen
i-breadown

Müllauto
iloli yetibi

Motor
imoto

Kraftstoff
phethiloli

Tankstelle
ligalaji laphethiloli

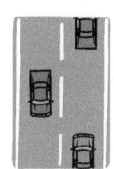

Verkehrsschild
luphawu lwemgwaco

Verkehr
incumbi yetimoto

Stau
incumbi yetimoto letime emngwacweni

Parkplatz
ipaki yemoto

Bahnhof
siteshi sesitimela

Schienen
imizila

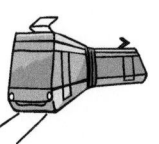

Zug
sitimela

Straßenbahn
i-tram

Wagon
inkalishi

Transport - kwetfutsa

Helikopter

indiza lenaphephela emhlane

Flughafen

sikhungo setindiza

Tower

imoto yekudvonsa letibhajiwe

Passagier

bagibeli

Container

intfo yekutfwala

Karton

likhathoni

Karren

i oart

Korb

bhacikidi

starten / landen

kusuka / kwehla

Stadt
lidolobha lelikhulu

Dorf

umuti

Stadtzentrum

ekhatsi nelidolobha

Haus

indlu

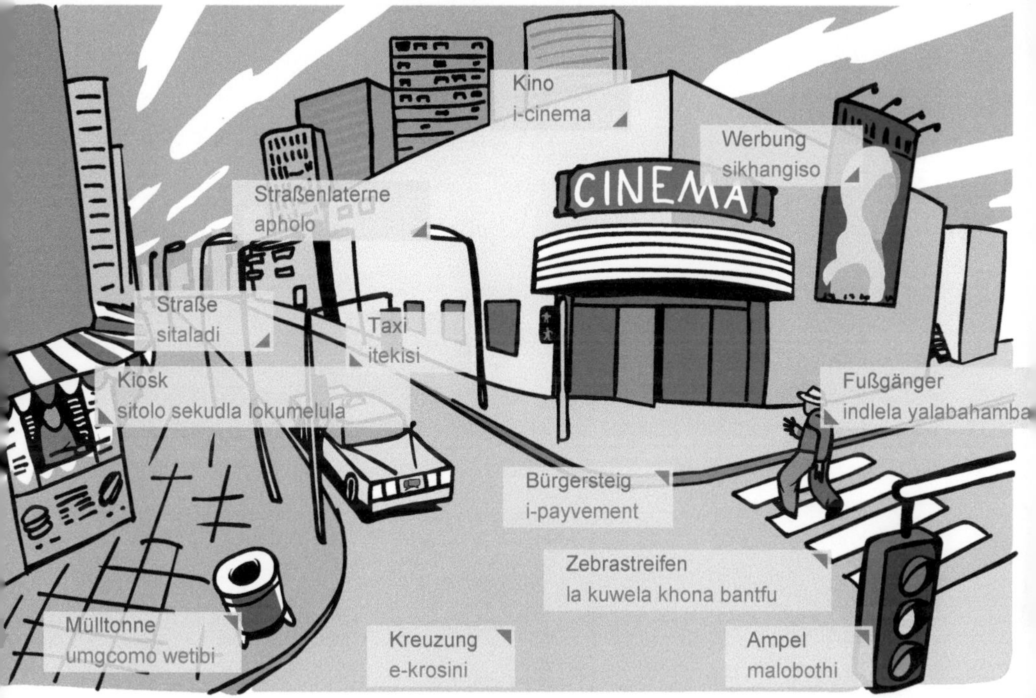

[Kino / i-cinema]
[Werbung / sikhangiso]
[Straßenlaterne / apholo]
[Straße / sitaladi]
[Taxi / itekisi]
[Kiosk / sitolo sekudla lokumelula]
[Fußgänger / indlela yalabahamba]
[Bürgersteig / i-payvement]
[Zebrastreifen / la kuwela khona bantfu]
[Mülltonne / umgcomo wetibi]
[Kreuzung / e-krosini]
[Ampel / malobothi]

Hütte
gucasthandaze

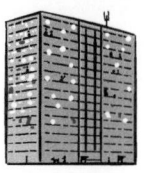

Wohnung
lifulethi

Bahnhof
siteshi sesitimela

Rathaus
lihholwa lasedolobheni

Museum
imnyusiyamu

Schule
sikolwa

Stadt - lidolobha lelikhulu

Universität
inyuvesi

Bank
libhange

Krankenhaus
sibhedlela

Hotel
lihhotela

Apotheke
ikhemisi

Büro
lihhovisi

Buchhandlung
sitolo setincwadzi

Geschäft
sitolo

Blumenladen
lotsengisa timhali

Supermarkt
isuphamakethe

Markt
imakethe

Kaufhaus
litiko letitolo

Fischhändler
batsengisi betimfishi

Einkaufszentrum
luchungechuge lwetitolo

Hafen
sikhungo

Stadt - lidolobha lelikhulu

Park
lipaki

Bank
libhentji

Brücke
libhuloho

Treppe
titezi

U-Bahn
ngephansi kwemhlaba

Tunnel
umhume

Bushaltestelle
siteshi sebhasi

Bar
sitolo setjwala

Restaurant
sitolo sekudla

Briefkasten
libhokisi leliposi

Straßenschild
luphawu lwemgwaco

Parkuhr
umshini lobala sikhatsi sekupaka

Zoo
i-zoo

Badeanstalt
i-swimming pool

Moschee
lisontfo lemasulumane

Stadt - lidolobha lelikhulu

Bauernhof
lipulazi

Umweltverschmutzung
kugcolisa umoya

Friedhof
emathuna

Kirche
lisontfo

Spielplatz
inkhundla yetemidlalo

Tempel
lithempeli

Landschaft
libala

Blatt — licembe
Wegweiser — luphawu lwemgwaco
Weg — indlela
Wiese — umshiya
Stein — litje
Baum — sihlahla
Wanderer — lohamba indlela lendze ngetinyawo
Fluss — umfula
Gras — tjani
Blume — imbali

Tal
sihosha

Berg
ligcuma

See
lidanyana

Wald
lihlatsi

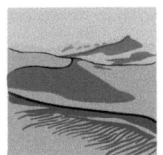
Wüste
lihlane

Vulkan
intsabamlilo

Schloss
umhlambi wetinkhomo

Regenbogen
umushi wenkhosatane

Pilz
likhowa

Palme
sihlahla semphayini

Moskito
imbuzulwane

Fliege
kundiza

Ameise
intfutfwane

Biene
inyosi

Spinne
sayobi

Landschaft - libala

Käfer
inkhubabulongo

Frosch
sicoco

Eichhörnchen
chakijane

Igel
ingungumbane

Hase
lolunye luhlobo lwalogwaja

Eule
sikhova

Vogel
inyoni

Schwan
i swan

Wildschwein
ingulube yesiganga

Hirsch
inyamatane

Elch
i-moose

Staudamm
lidamu

Windrad
i-wind turbine

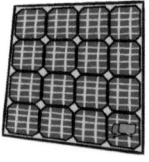
Solarmodul
i-solar panel

Klima
simo selitulu

Landschaft - libala

Restaurant
sitolo sekudla

Kellner — waiter
Speisekarte — luhla lwekudla
Stuhl — situlo
Suppe — lisobho
Pizza — i-pizza
Besteck — tipuni imimese netimfologo
Tischdecke — indvwangu yelitafula

Vorspeise
kudla lokusicalo

Hauptgericht
kudla locinile

Nachspeise
idizethi

Getränke
tinatfo

Essen
kudla

Flasche
libhodlela

Fastfood
kudla lokusheshako

Streetfood
kudla kwasemngwacweni

Teekanne
ligedlela lelitiye

Zuckerdose
indishi yashukela

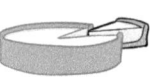

Portion
incenye

Espressomaschine
umshini we-espresso

Hochstuhl
situlo lesiphakeme

Rechnung
ibhili

Tablett
li-tray

Messer
umukhwa

Gabel
imfologo

Löffel
sipuni

Teelöffel
sipuni lesincane

Serviette
ithishu yetandla

Glas
ligilasi

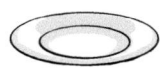
Teller
lipuleti

Suppenteller
lipuleti lelisobho

Untertasse
lipringi

Sauce
i-sauce

Salzstreuer
libhodvo lasawoti

Pfeffermühle
i-pepper mill

Essig
niniga

Öl
emafutsa awoyela

Gewürze
tipayisi

Ketchup
i-ketchup

Senf
i-mustard

Mayonnaise
mayonasi

Restaurant - sitolo sekudla

Supermarkt
isuphamakethe

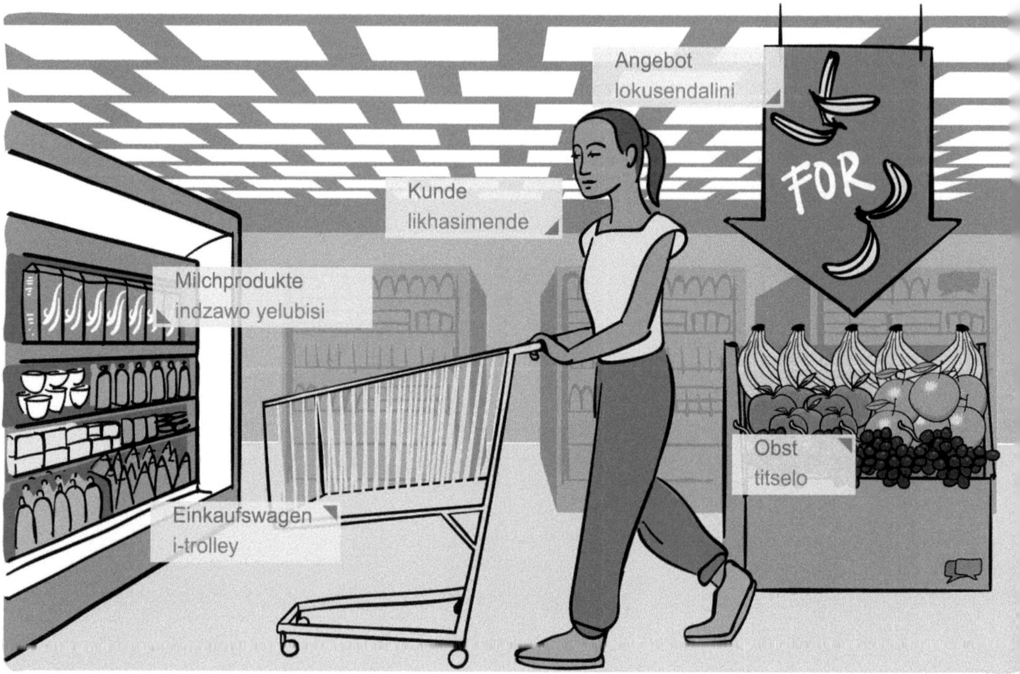

Angebot
lokusendalini
FOR
Kunde
likhasimende
Milchprodukte
indzawo yelubisi
Obst
titselo
Einkaufswagen
i-trolley

BUTCHERS

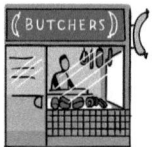

Schlachterei

ibhushari

BAKERY

Bäckerei

i-baker

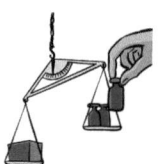

wiegen

kala

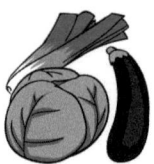

Gemüse

tibhidvo

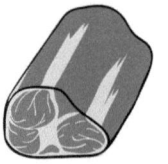

Fleisch

inyama

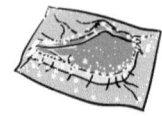

Tiefkühlkost

kudla lokucandzisiwe

Aufschnitt
inyama lebandzako

Konserven
kudla likusemathinini

Waschmittel
insipho yekuwasha

Süßigkeiten
emaswidi

Haushaltsartikel
tintfo tasekhaya

Reinigungsmittel
imitsi yekukolobha

Verkäuferin
umuntfu lotsengisako

Kasse
endzaweni yekubhadala

Kassierer
umtsengisi

Einkaufsliste
luhla lwetintfo tekutsengwa

Öffnungszeiten
ema-awa ekuvula

Brieftasche
sipatji

Kreditkarte
likhadi lemali

Tasche
sikhwama

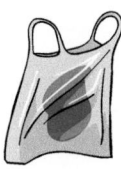
Plastiktüte
sikhwama seshekhasi

Getränke
tinatfo

Wasser

emanti

Saft

ijuzi

Milch

lubisi

Cola

ikhokhi

Wein

liwani

Bier

ibhiya

Alkohol

tjwala

Kakao

ikhokho

Tee

litiye

Kaffee

likhofi

Espresso

i-espresso

Cappuccino

i-cappuccino

Essen
kudla

Banane
bhanana

Apfel
lihhabhula

Orange
liwolintji

Melone
melon

Zitrone
ilemoni

Karotte
emavondlela

Knoblauch
galiki

Bambus
i-bamboo

Zwiebel
anyanisi

Pilz
emakhowa

Nüsse
emantongomane

Nudeln
ema-noodles

Spaghetti	Reis	Salat
sipageti	lilayisi	isaladi

Pommes frites	Bratkartoffeln	Pizza
emashibusi	emazambane lafrayiwe	i-pizza

Hamburger	Sandwich	Schnitzel
i burger	isengwishi	inyama lefulawe netimvitsi tesinkhwa

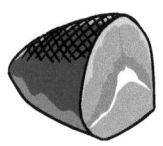

Schinken	Salami	Wurst
i-ham	isalami	livosi

Huhn	Braten	Fisch
inyama yenkhukhu	lokufrayiwe	imfishi

Essen - kudla

Haferflocken
i-oats

Müsli
imusili

Cornflakes
ema-cornflakes

Mehl
fulawa

Croissant
ema-croissant

Brötchen
sinkhwa

Brot
sinkhwa

Toast
linkhwa lesithosiwe

Kekse
emabhisikidi

Butter
bhotela

Quark
i-curd

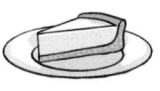

Kuchen
likhekhe

Ei
emacandza

Spiegelei
emacandza lafulayiwe

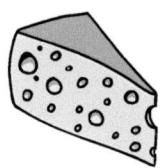

Käse
ishizi

Essen - kudla

Eiscreme
i-ice cream

Zucker
shukela

Honig
luju

Marmelade
jamu

Nougat-Creme
shokolethi

Curry
ikheri

Bauernhof
lipulazi

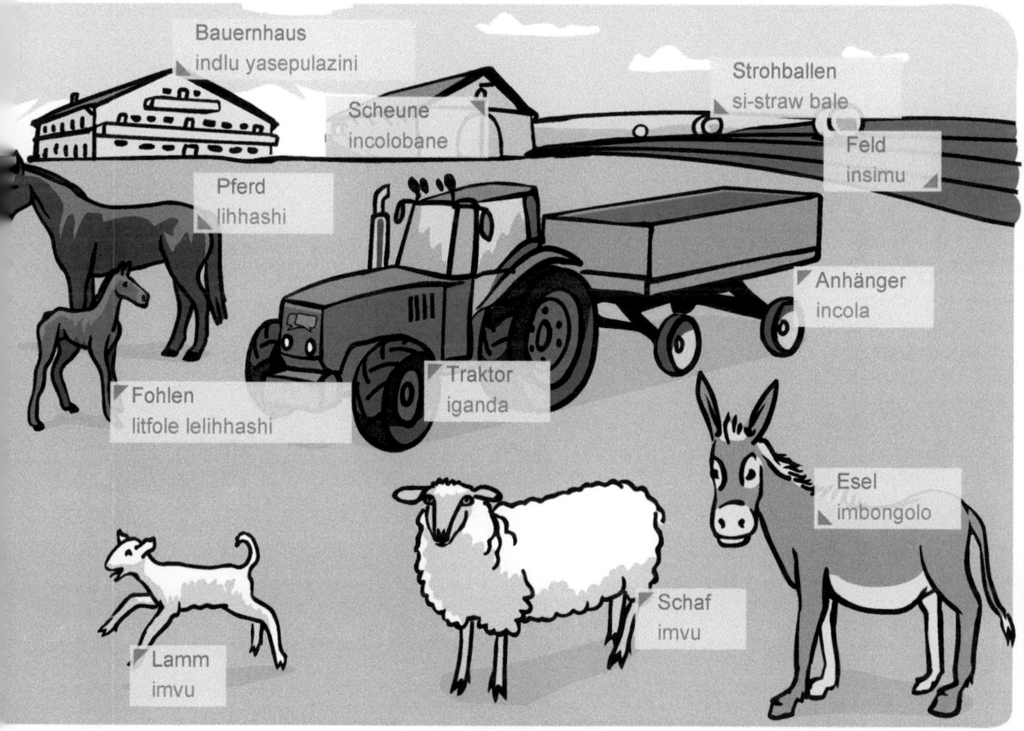

Bauernhaus — indlu yasepulazini
Scheune — incolobane
Strohballen — si-straw bale
Feld — insimu
Pferd — lihhashi
Anhänger — incola
Fohlen — litfole lelihhashi
Traktor — iganda
Esel — imbongolo
Schaf — imvu
Lamm — imvu

Ziege
imbuti

Kuh
inkhomo

Kalb
litfole

Schwein
ingulube

Ferkel
ingulutjana

Bulle
inkhunzi

Gans
lihansi

Ente
lidada

Küken
lintjwele

Huhn
sikhukhukati

Hahn
lichudze

Ratte
ligundvwane

Katze
likati

Maus
ligundvwane lelincane

Ochse
inkhunzi

Hund
inja

Hundehütte
indlu yenja

Gartenschlauch
liphayiphi lemanti asengadzini

Gießkanne
libhakede lemanti

Sense
i-scythe

Pflug
likhuba leganda

Bauernhof - lipulazi

Sichel
lisikela

Hacke
likhuba

Mistgabel
imfologo yetjani

Axt
lizembe

Schubkarre
libhala

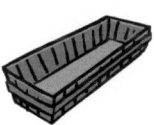
Trog
litrofula

Milchkanne
iromkani

Sack
lisaka

Zaun
ifenisi

Stall
sitebele

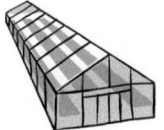
Treibhaus
indlu leluhlata

Boden
umhlabatsi

Saat
imbewu

Dünger
sivundzisi

Mähdrescher
bavuni

Bauernhof - lipulazi

ernten
vuna

Ernte
sivuno

Yamswurzel
i-yams

Weizen
likhula

Soja
isoyi

Kartoffel
lizambane

Mais
sibhuluja sembila

Raps
i rapeseed

Obstbaum
sihlahla setitselo

Maniok
bhatata

Getreide
ema-cereals

Haus
indlu

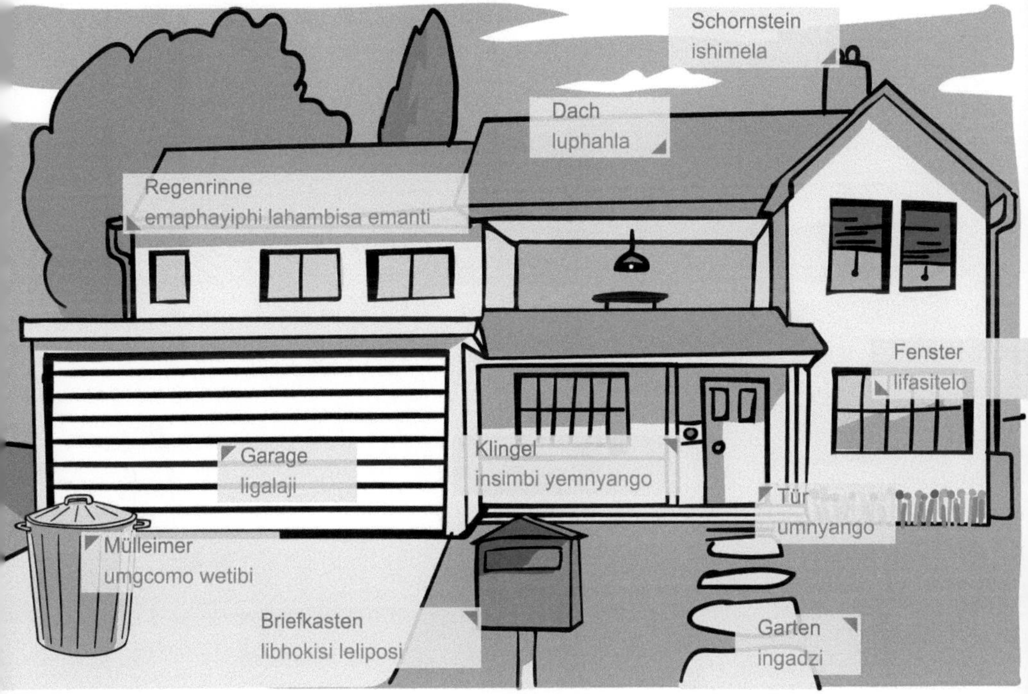

- Schornstein — ishimela
- Dach — luphahla
- Regenrinne — emaphayiphi lahambisa emanti
- Fenster — lifasitelo
- Garage — ligalaji
- Klingel — insimbi yemnyango
- Tür — umnyango
- Mülleimer — umgcomo wetibi
- Briefkasten — libhokisi leliposi
- Garten — ingadzi

Wohnzimmer
indzawo yamabonakudze

Badezimmer
likamelo lekugezela

Küche
likhishi

Schlafzimmer
likamelo

Kinderzimmer
likamelo lemntfwana

Esszimmer
ligumbu lekudlela

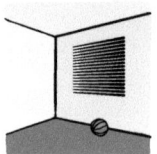
Boden
siyilo

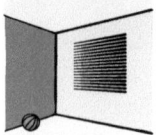
Wand
lubondza

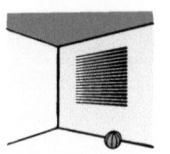
Decke
isilingi

Keller
i-cellar

Sauna
i-sauna

Balkon
umpheme

Terrasse
libala

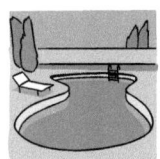
Schwimmbad
lidamu lekududa

Rasenmäher
umshini wetjani

Bettbezug
lishidi

Bettdecke
ibhedspredi

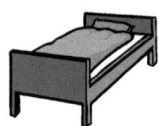
Bett
umbhedze

Besen
umshanelo

Eimer
libhakede

Schalter
iswishi

Haus - indlu

Wohnzimmer
indzawo yamabonakudze

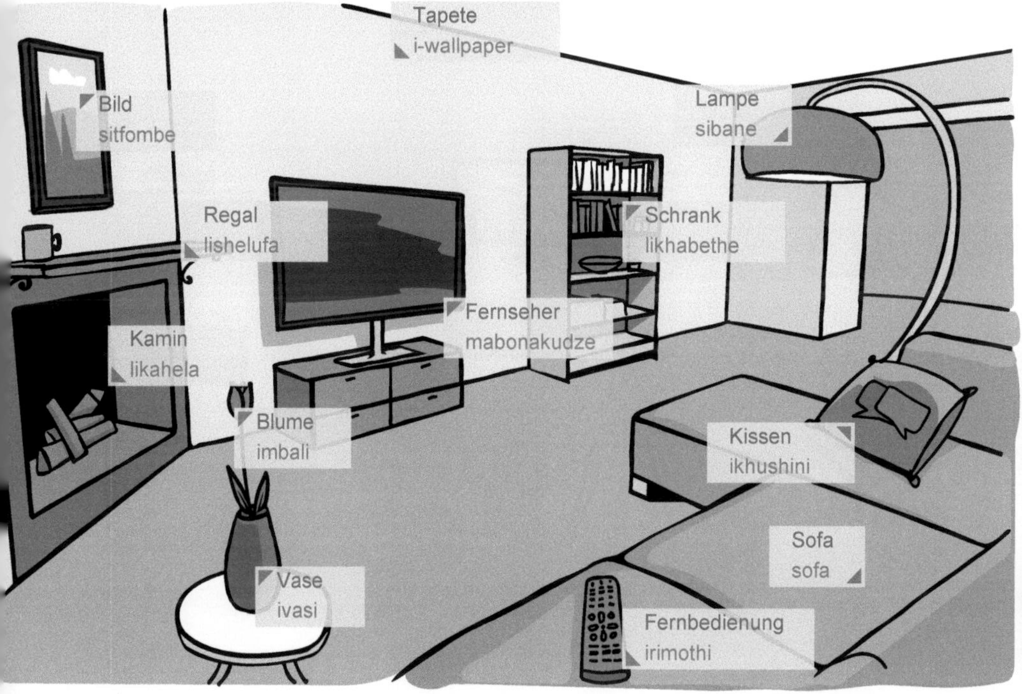

- Tapete — i-wallpaper
- Bild — sitfombe
- Lampe — sibane
- Regal — lishelufa
- Schrank — likhabethe
- Kamin — likahela
- Fernseher — mabonakudze
- Blume — imbali
- Kissen — ikhushini
- Vase — ivasi
- Sofa — sofa
- Fernbedienung — irimothi

Teppich
imadi yendlu

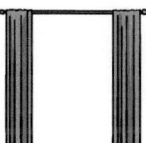

Vorhang
likhetheni

Tisch
litafula

Stuhl
situlo

Schaukelstuhl
situlo sangephandle

Sessel
situlosemikhono

Buch
incwadzi

Decke
ingubo

Dekoration
umhlobiso

Feuerholz
tinkhuni tekubasa

Film
lifilimu

Stereoanlage
igumbagumba

Schlüssel
likhiya

Zeitung
liphophandzaba

Gemälde
pende

Poster
likhadi laselubondzeni

Radio
iwayilensi

Notizblock
kwekutsa emaphuzu

Staubsauger
i-hoover

Kaktus
sitjalo lokutsiwa yi-cactus

Kerze
likhandlela

Küche
likhishi

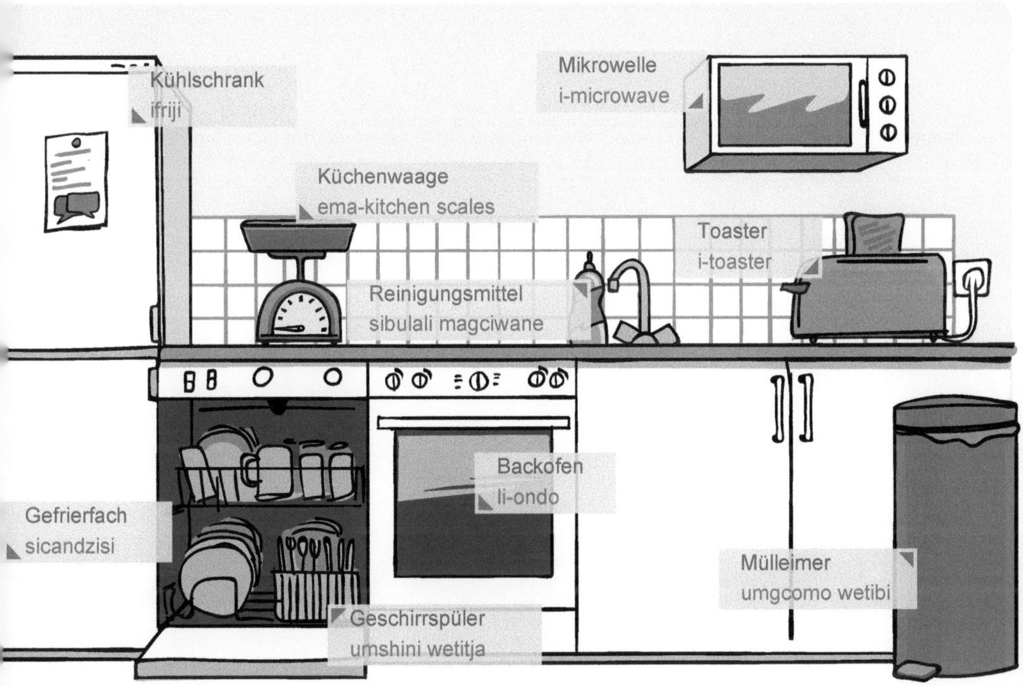

- Kühlschrank — ifriji
- Mikrowelle — i-microwave
- Küchenwaage — ema-kitchen scales
- Toaster — i-toaster
- Reinigungsmittel — sibulali magciwane
- Backofen — li-ondo
- Gefrierfach — sicandzisi
- Mülleimer — umgcomo wetibi
- Geschirrspüler — umshini wetitja

Herd
umpheki

Topf
libhodvo

Eisentopf
i-cast-iron pot

Wok / Kadai
i-wok /kadai

Pfanne
lipani

Wasserkocher
ligedlela

Küche - likhishi

Dampfgarer
i-steamer

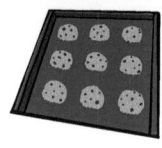
Backblech
lipani lekubhaka

Geschirr
i-crockery

Becher
imagi

Schale
indishi

Essstäbchen
tindvukwana tekujuba

Suppenkelle
i-landle

Pfannenwender
si-spatula

Schneebesen
i-whisk

Kochsieb
i-strainer

Sieb
i-sieve

Reibe
i-grater

Mörser
i-mortar

Grill
i-barbecue

Feuerstelle
umlilo lovulekile

Küche - likhishi

Schneidebrett

libhodi lekujuba kudla

Nudelholz

i-rolling pin

Korkenzieher

i-corkscrew

Dose

likani

Dosenöffner

lithulusi lekuvala likani

Topflappen

intfo yekubeka emabhodvo

Waschbecken

izinki

Bürste

libhulashi

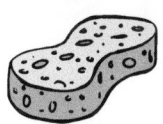

Schwamm

sipontji

Mixer

i-blender

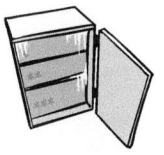

Gefriertruhe

i-deep freezer

Babyflasche

libhodlela lemntfwana

Wasserhahn

impompi

Küche - likhishi

Badezimmer
likamelo lekugezela

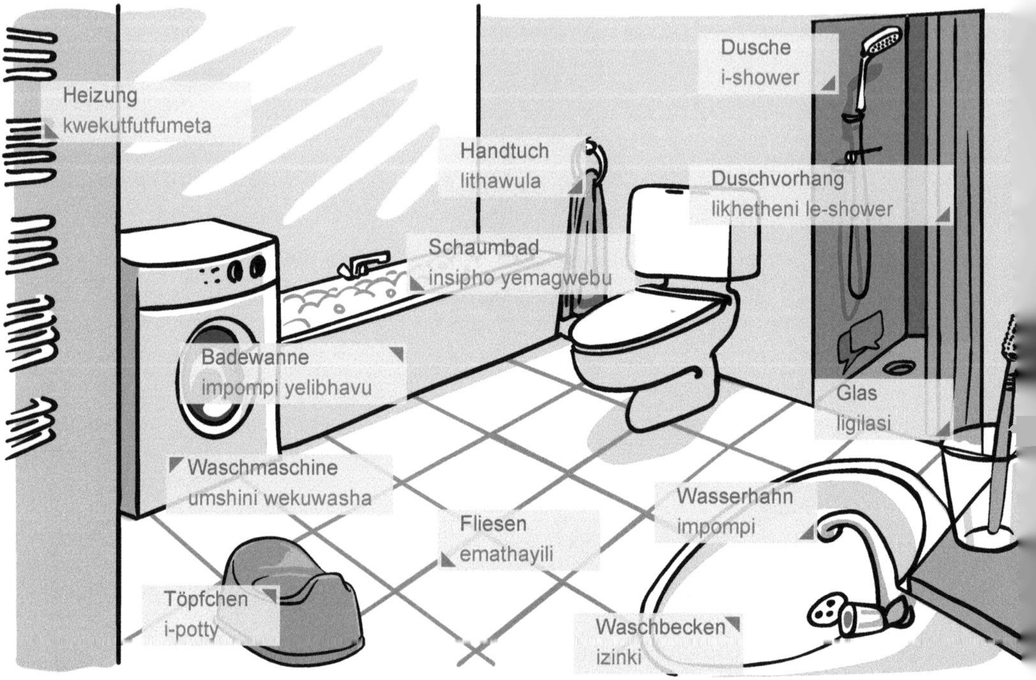

- Heizung — kwekutfutfumeta
- Dusche — i-shower
- Handtuch — lithawula
- Duschvorhang — likhetheni le-shower
- Schaumbad — insipho yemagwebu
- Badewanne — impompi yelibhavu
- Glas — ligilasi
- Waschmaschine — umshini wekuwasha
- Fliesen — emathayili
- Wasserhahn — impompi
- Töpfchen — i-potty
- Waschbecken — izinki

Toilette
umthoyi

Hocktoilette
libhodvo lemthoyi

Bidet
i-bidet

Pissoir
umnchamo

Toilettenpapier
ithishu

Toilettenbürste
libhulashi lemthoyi

Zahnbürste
libhulashi lematinyo

Zahnpasta
insipho yematinyo

Zahnseide
intsambo yekuhlanta ematinyo

waschen
washa

Handbrause
liphayiphu le-shower lelibanjwa ngetandla

Intimdusche
i-douche

Waschschüssel
i-basin

Rückenbürste
libhulashi lemgogodla

Seife
insipho lecinile

Duschgel
i-gel ye-shower

Shampoo
insipho yemagwebu

Waschlappen
i-flannel

Abfluss
kwekuhambisa emanti

Creme
i-cream

Deodorant
emakha emakhwapha

Badezimmer - likamelo lekugezela

Spiegel
sibuko

Kosmetikspiegel
sibuko lesincane

Rasierer
i-razor

Rasierschaum
emagwebu ekushefa

Rasierwasser
kwegcobisa ngemuva kwekushefa

Kamm
i-comb

Bürste
libhulashi

Föhn
kwekomisa tinwele

Haarspray
kwekufutsa tinwele

Makeup
kwekutimomonya

Lippenstift
i-lipstick

Nagellack
pende wetingalo

Watte
i-cotton wool

Nagelschere
sikelo setingalo

Parfum
emakha

Kulturbeutel

khwama setintfo tekugeza

Hocker

situlo

Waage

sikali sesisindvo

Bademantel

kwekugcoka nawugeza

Gummihandschuhe

emagilavu e-rubber

Tampon

i-tampon

Damenbinde

lithawula lekuhlanta

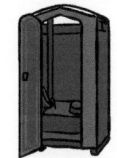

Chemietoilette

imitsi yekukolobha umthoyi

Kinderzimmer
likamelo lemntfwana

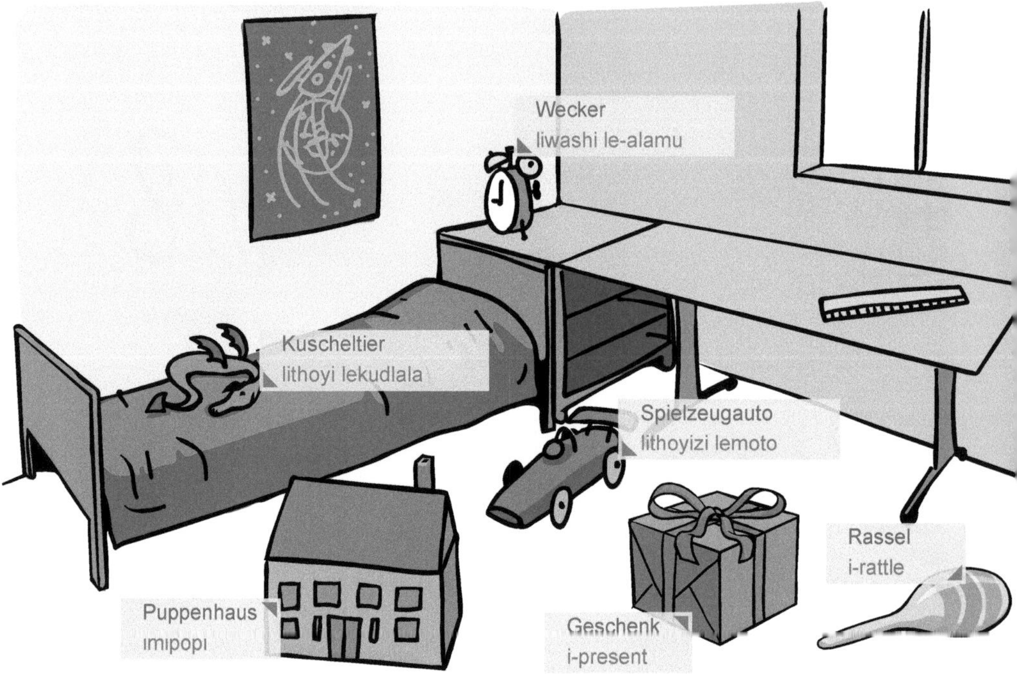

Wecker
liwashi le-alamu

Kuscheltier
lithoyi lekudlala

Spielzeugauto
lithoyizi lemoto

Puppenhaus
imipopi

Geschenk
i-present

Rassel
i-rattle

Ballon
ibhaluni

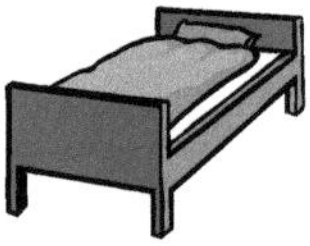

Bett
umbhedze

Kinderwagen
ipram

Kartenspiel
emakhadi ekudlala

Puzzle
i-jigsaw

Comic
i-comic

Legosteine
emabloko e-lego

Bausteine
emabloko ekwakha

Action Figur
i-actionfigure

Strampelanzug
kukhula kwemntfwana

Frisbee
i-frisbee

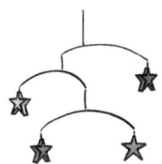
Mobile
i-mobile

Brettspiel
ibhodi yemdlalo

Würfel
lidayisi

Modelleisenbahn
isethi yemathoyizi etitimela

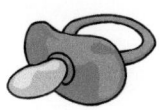
Schnuller
i-dummy

Party
i-party

Bilderbuch
incwadzi yetitfombe

Ball
ibhola

Puppe
nodoli

spielen
dlala

Kinderzimmer - likamelo lemntfwana

Sandkasten
umgodzi wemhlabatsi

Schaukel
umjikeli

Spielzeug
emathoyizi

Spielkonsole
umshini wemdlalo wema-video

Dreirad
masondvontsatfu

Teddy
umdoli welibhele

Kleiderschrank
inhodrobhu

Kleidung
timphahla tekugcoka

Socken
emakawosi

Strümpfe
ema-stockings

Strumpfhose
umtjopi

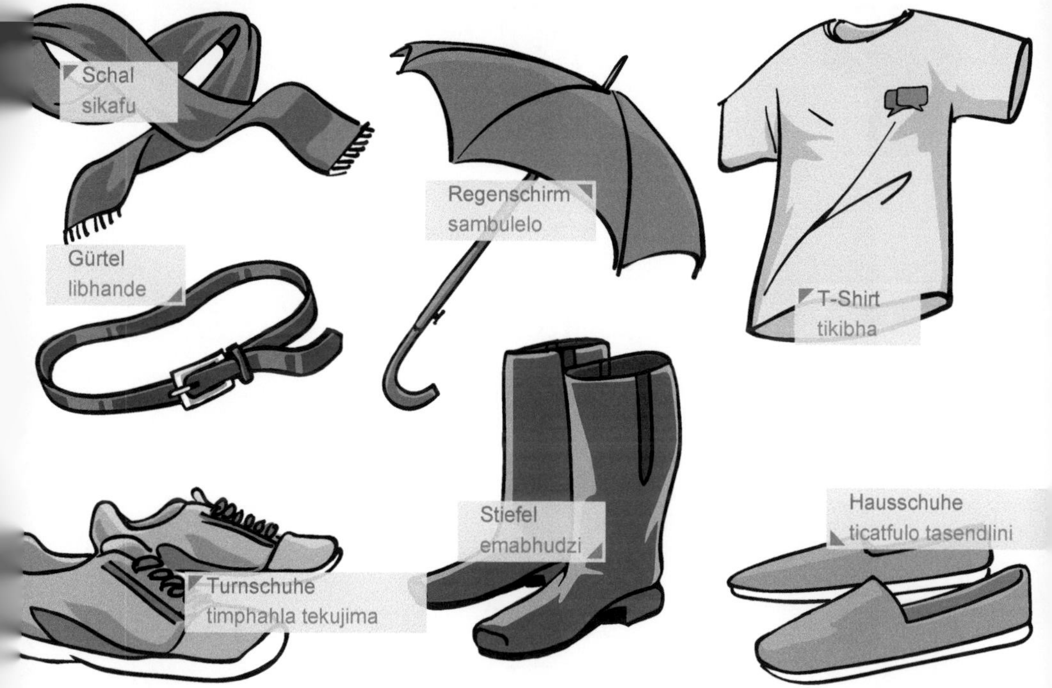

Schal — sikafu

Regenschirm — sambulelo

T-Shirt — tikibha

Gürtel — libhande

Stiefel — emabhudzi

Hausschuhe — ticatfulo tasendlini

Turnschuhe — timphahla tekujima

Sandalen
tincabule

Schuhe
ticatfulo

Gummistiefel
emabhudzi emvula

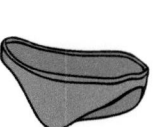

Unterhose
emabhuluko angephansi

Büstenhalter
ibhodi

Unterhemd
i-vest

Kleidung - timphahla tekugcoka

Body
umtimba

Hose
emabhuluko

Jeans
ibhokathi

Rock
sikedi

Bluse
liblawosi

Hemd
liyembe

Pullover
l-pullover

Kapuzenpullover
i-hoodie

Blazer
libhantji

Jacke
silamba

Mantel
lijazi

Regenmantel
lijazi lemvula

Kostüm
i-costume

Kleid
lilogo

Hochzeitskleid
likogo lemshado

Kleidung - timphahla tekugcoka

Anzug
isudi

Nachthemd
i-gown yasebusuku

Schlafanzug
emabhijamu

Sari
i-sari

Kopftuch
sikafu

Turban
i-turban

Burka
i-burqa

Kaftan
i-kaftan

Abaya
i-abaya

Badeanzug
timphahla tekududa

Badehose
ema-anda

Kurze Hose
emabhuluko lamafishane

Trainingsanzug
i-treksudi

Schürze
liphinifa

Handschuhe
emaglavu

Kleidung - timphahla tekugcoka

Knopf
inkinobho

Brille
tibuko

Armband
buhlalu

Halskette
umgaco

Ring
indandatho

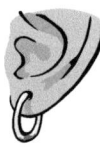

Ohrring
emacici

Mütze
llkeplsl

Kleiderbügel
i hangor yolijazi

Hut
sigcoko

Krawatte
thayi

Reißverschluss
iziphu

Helm
sivikelo senhloko

Hosenträger
kwekusekela sitfo semtimba

Schuluniform
timphahla tesikolwa

Uniform
inyunifomu

Kleidung - timphahla tekugcoka

Lätzchen
i-bib

Schnuller
i-dummy

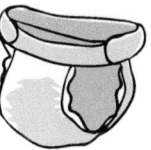
Windel
linabukeli

Büro
lihhovisi

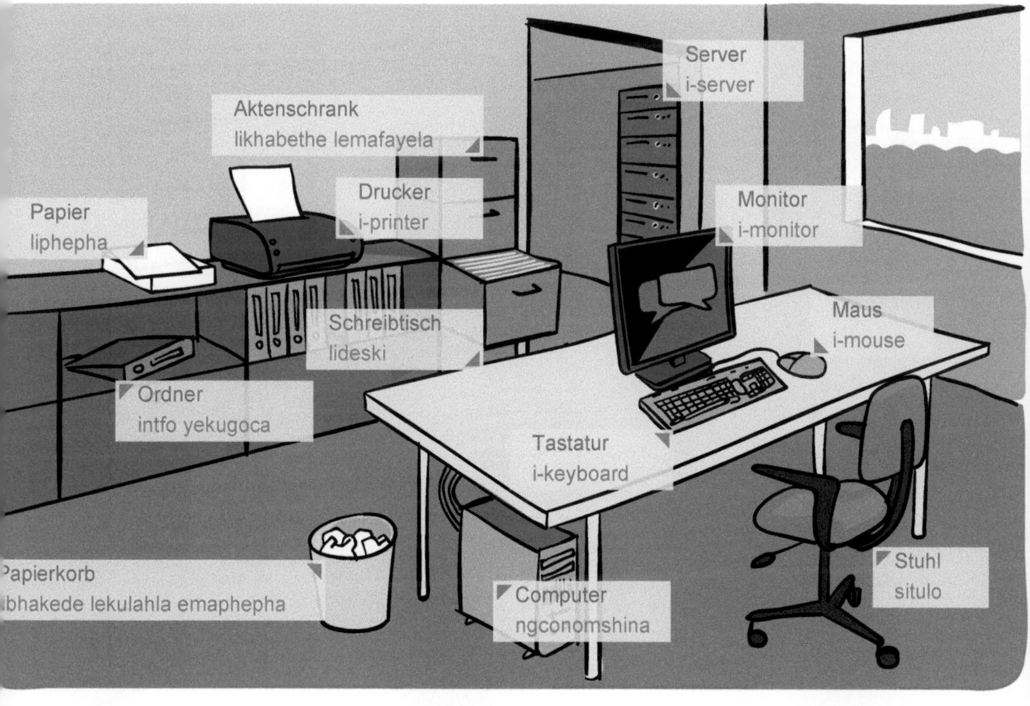

- Server — i-server
- Aktenschrank — likhabethe lemafayela
- Drucker — i-printer
- Monitor — i-monitor
- Papier — liphepha
- Maus — i-mouse
- Schreibtisch — lideski
- Ordner — intfo yekugoca
- Tastatur — i-keyboard
- Papierkorb — libhakede lekulahla emaphepha
- Computer — ngconomshina
- Stuhl — situlo

Kaffeebecher
likomishi lelikofi

Taschenrechner
i-calculator

Internet
i-inthanethi

Laptop
i-laptop

Brief
incwadzi

Nachricht
umlayeto

Handy
i-mobile

Netzwerk
i-network

Kopierer
umshini wekwenta emakhophi

Software
i-software

Telefon
luoingo

Steckdose
liplaliki lagesi

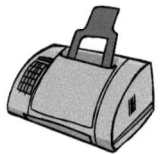
Fax
umshini wekufeksa

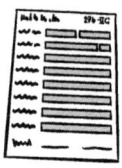
Formular
lifomu

Dokument
liphepha

Wirtschaft
umnotfo

kaufen
tsenga

bezahlen
bhadala

handeln
beka imali

Geld
imali

Dollar
li-dollar

Euro
li-euro

Yen
li-yen

Rubel
li-rouble

Franken
i-Swiss franc

Renminbi Yuan
i-renminbi yuan

Rupie
i-rupee

Geldautomat
umshini wemali

Wechselstube
i-bureau de change

Gold
ligolide

Silber
lisiliva

Öl
woyela

Energie
emandla

Preis
linani

Vertrag
sivumelwano

Steuer
umtselo

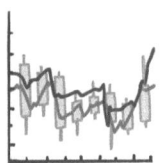
Aktie
sitoko

arbeiten
sebenta

Angestellter
sisebenti

Arbeitgeber
umcashi

Fabrik
ifemu

Geschäft
sitolo

Wirtschaft - umnotfo

Berufe
tikhundla

Polizist
liphoyisa

Feuerwehrmann
umcimimlilo

Koch
umpheki

Arzt
dokotela

Pilot
umshayeli wetindiza

Gärtner
losebenta engadzini

Tischler
ummbati

Näherin
umtfungi

Richter
mehluleli

Chemiker
khemisi

Schauspieler
umlingisi

Busfahrer

umshayeli webhasi

Taxifahrer

umshayeli wekhumbi

Fischer

umdvobi

Putzfrau

limedi

Dachdecker

umfuleli

Kellner

waiter

Jäger

umtingeli

Maler

mapondani

Bäcker

umbhaki

Elektriker

gesana

Bauarbeiter

meselane

Ingenieur

sonjiniyela

Schlachter

umtsengisi wenyama

Klempner

somaphayiphi

Postbote

lohambisa liposi

Berufe - tikhundla

Soldat
lisotja

Architekt
umdvwebi wemapulani

Kassierer
umtsengisi

Florist
umtsengisi wetimbali

Friseur
losebenta ngetinwele

Schaffner
umbhidisi

Mechaniker
mekhenikha

Kapitän
kaputeni

Zahnarzt
dokotela wematinyo

Wissenschaftler
sosayensi

Rabbi
rabi

Imam
imam

Mönch
monk

Geistlicher
umfundisi

Berufe - tikhundla

Werkzeuge
emathulusi

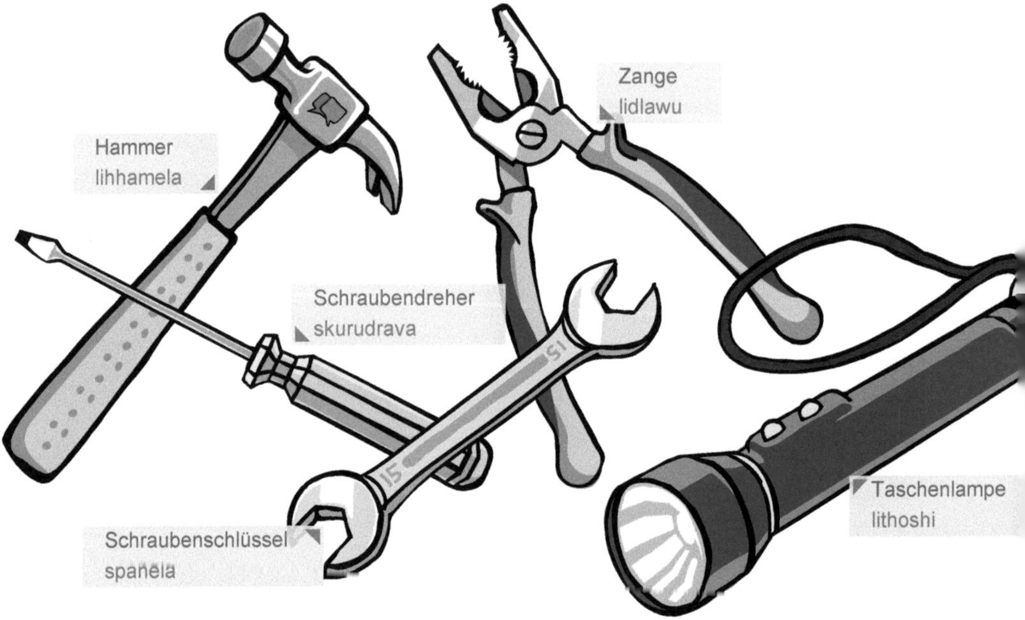

Hammer — lihhamela

Zange — lidlawu

Schraubendreher — skurudrava

Schraubenschlüssel — spanela

Taschenlampe — lithoshi

Bagger
lifosholo

Werkzeugkasten
libhokisi lemathulusi

Leiter
lilele

Säge
lisaha

Nägel
tipikili

Bohrer
umshini wekwenta timbobo

Werkzeuge - emathulusi

reparieren
lungisa

Schaufel
lifosholo

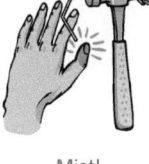
Mist!
i-Damni!

Kehrblech
lipani lekuwola tibi

Farbtopf
likani lapende

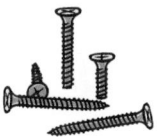
Schrauben
tikruzi

Musikinstrumente
insimbi yemculo

Schlagzeug
ikhithi yemadramu

Lautsprecher
sipika lesikhulu

Kontrabass
lugitali lolukhulu

Trompete
i-trumpet

Gitarre
lugitali

Klavier

i-piano

Violine

ivayolini

Bass

ibhesi

Pauke

i-timpani

Trommeln

emadramu

Keyboard

i-keyboard

Saxophon

i-saxohone

Flöte

ifluthi

Mikrofon

umbhobho

Zoo
i-zoo

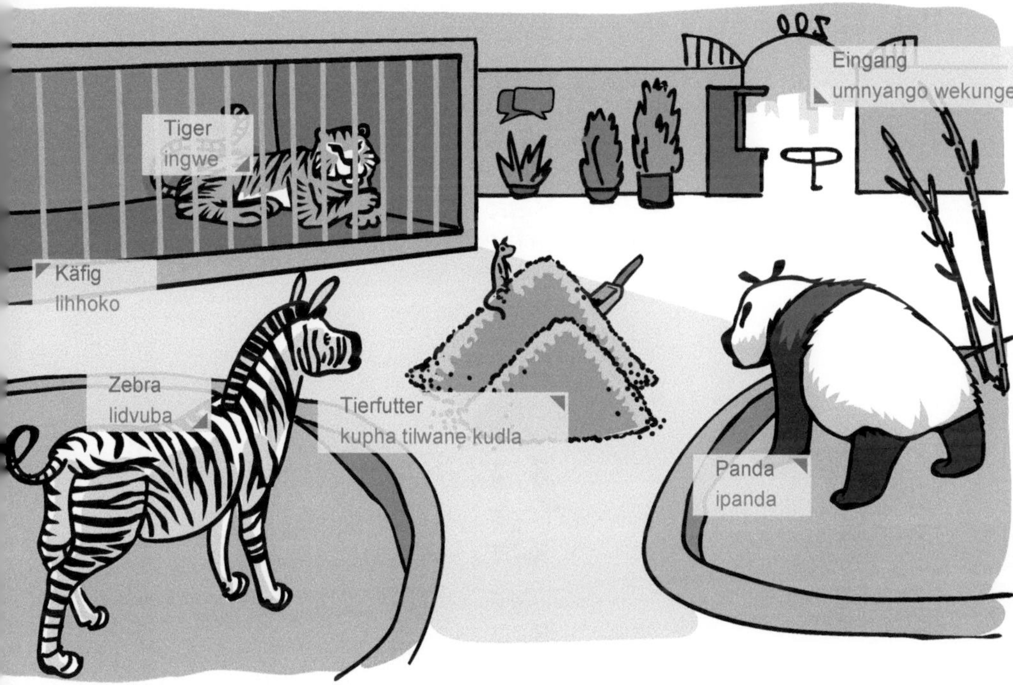

- Eingang / umnyango wekungena
- Tiger / ingwe
- Käfig / lihhoko
- Zebra / lidvuba
- Tierfutter / kupha tilwane kudla
- Panda / ipanda

Tiere
tilwane

Elefant
indlovu

Känguru
ikangaru

Nashorn
bhejane

Gorilla
igorila

Bär
libhele

Kamel
likamela

Strauß
i-ostrishi

Löwe
libhubesi

Affe
imfene

Flamingo
i-flamingo

Papagei
iparoti

Eisbär
libhele

Pinguin
iphejini

Hai
shaka

Pfau
iphigogo

Schlange
inyoka

Krokodil
ingwenya

Zoowärter
umgcini tilwane

Robbe
isili

Jaguar
i-jaguar

Zoo - i-zoo

Pony

poni

Leopard

ingwe

Nilpferd

imvubu

Giraffe

indlulamitsi

Adler

lusweti

Wildschwein

ingulube yesiganga

Fisch

imfishi

Schildkröte

lifundvu

Walross

i-warasi

Fuchs

jakalazi

Gazelle

inyamatane

Zoo - i-zoo

Sport
temidlalo

Fußball
libhola letinyawo

Badminton
i-badminton

Leichtathletik
tingijimi

Handball
libhola letandla

Skilaufen
umdlalo wekuntjuza

Polo
i-polo

Aktivitäten
imisebenti

- springen — gcuma
- lachen — hleka
- umarmen — gona
- gehen — hamba
- singen — hlabela
- beten — thantaza
- küssen — cabuza
- träumen — liphupho

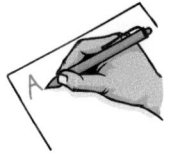

schreiben
bhala

zeichnen
tsatsa

zeigen
khombisa

drücken
fuca

geben
nika

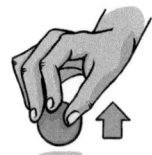

nehmen
tsatsa

haben
tsatsa

tun
yenta

sein
be

stehen
sukuma

laufen
gijima

ziehen
dvonsa

werfen
jika

fallen
wani

liegen
oala omanga

warten
mani

tragen
tsatsa

sitzen
hlala

anziehen
yembatsa

schlafen
lala

aufwachen
vuka

Aktivitäten - imisebenti

 ansehen buka	 weinen khala	 streicheln shaya
 kämmen kama	 reden khuluma	 verstehen condza
 fragen buta	 hören lalela	 trinken natsa
 essen dlani	 aufräumen gcogca	 lieben tsandza
 kochen pheka	 fahren shayela	 fliegen ndiza

Aktivitäten - imisebenti

segeln
ntjuza

rechnen
bala

lesen
fundza

lernen
fundza

arbeiten
sebenta

heiraten
shada

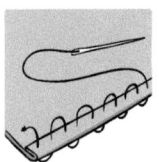
nähen
tfunga

Zähne putzen
kugeza ematinyo

töten
bulala

rauchen
bhema

senden
tfumela

Aktivitäten - imisebenti

Familie
umndeni

- Großmutter — gogo
- Großvater — mkhulu
- Vater — babe
- Mutter — make
- Baby — umntfwana
- Tochter — indvodzakati
- Sohn — indvodzana

Gast
sivakashi

Tante
anti

Onkel
malume

Bruder
umnaketfu

Schwester
sisi

Körper
umtimba

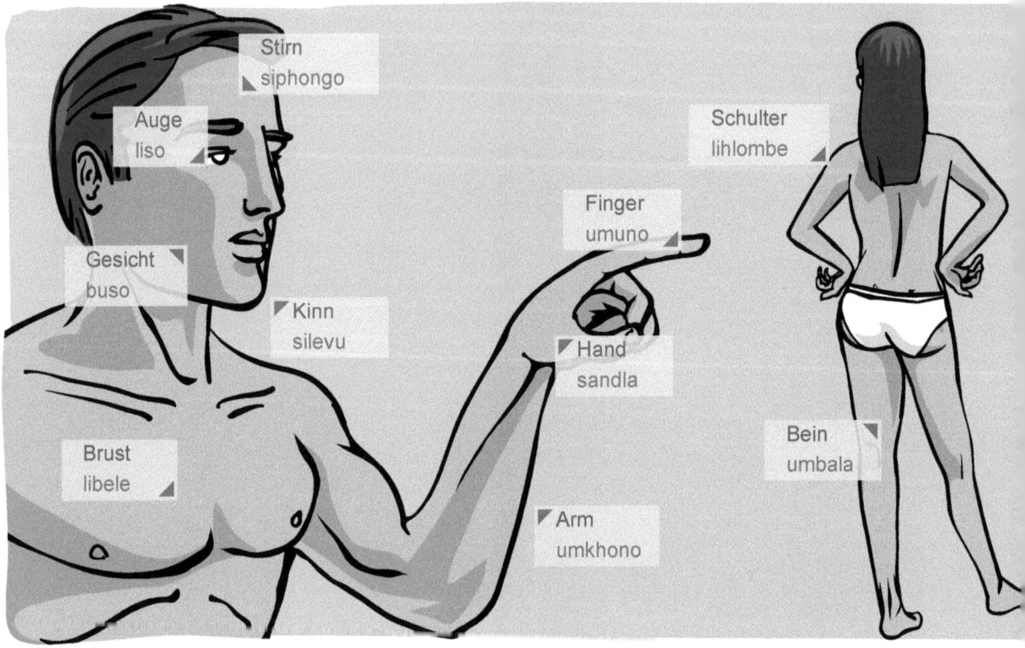

- Stirn — siphongo
- Auge — liso
- Gesicht — buso
- Kinn — silevu
- Brust — libele
- Finger — umuno
- Hand — sandla
- Arm — umkhono
- Schulter — lihlombe
- Bein — umbala

Baby
umntfwana

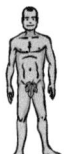
Mann
indvodza

Frau
umfati

Mädchen
intfombatane

Junge
umfana

Kopf
inhloko

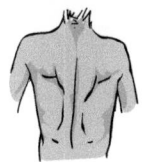 Rücken emuva	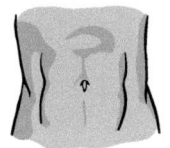 Bauch umkhatjana	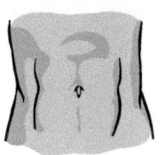 Nabel sibhono
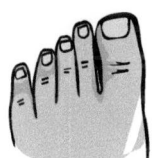 Zeh luzwane	 Ferse sitsendze	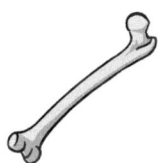 Knochen litsambo
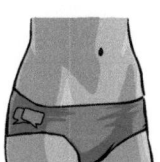 Hüfte litsanga	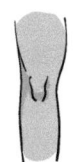 Knie lidvolo	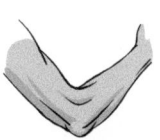 Ellenbogen ingcosa
 Nase imphumulo	 Gesäß entansi	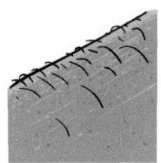 Haut sikhumba
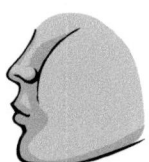 Wange sihlatsi	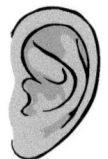 Ohr indlebe	 Lippe indzebe

Körper - umtimba

Mund
umlomo

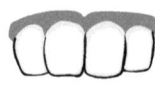
Zahn
litinyo

Zunge
lilimi

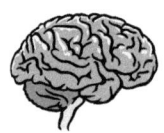
Gehirn
bucopho

Herz
inhlitiyo

Muskel
umsipha

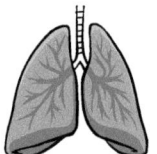
Lunge
liphaphu

Leber
sibindzi

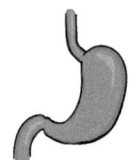
Magen
sisu

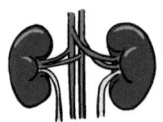
Nieren
tinso

Geschlechtsverkehr
kulalana

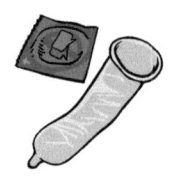
Kondom
lijazi lemkhwenyana

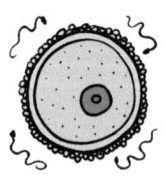
Eizelle
licandza lentalo

Sperma
sidvodza

Schwangerschaft
kukhulelwa

Körper - umtimba

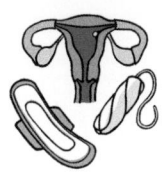
Menstruation
kuya esikhatsini

Vagina
ligolo

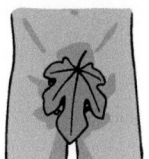
Penis
umpipi

Augenbraue
inkhophe

Haar
lunwele

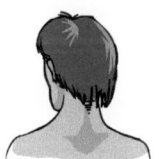
Hals
intsamo

Krankenhaus
sibhedlela

- Krankenhaus — sibhedlela
- Krankenwagen — i-ambulensi
- Rollstuhl — situlo semasondvo
- Bruch — kwephuka kwelitsambo

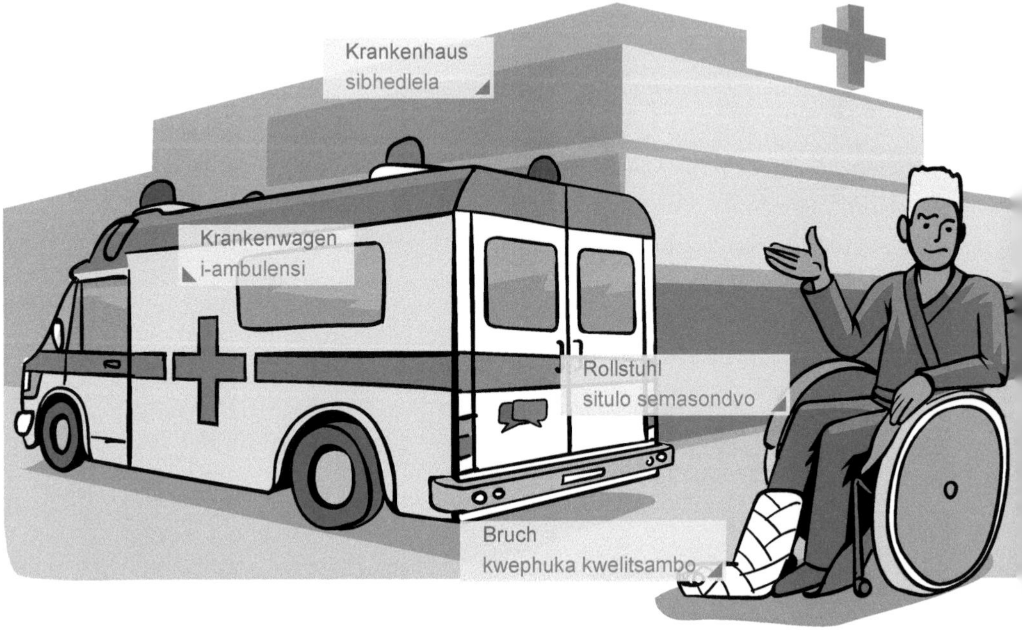

Arzt
dokotela

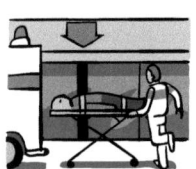

Notaufnahme
ligumbi letimo letiphutfumako

Krankenschwester
nesi

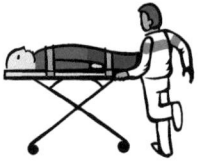

Notfall
simo lesiphutfumako

ohnmächtig
kucaleka

Schmerz
buhlungu

Verletzung
kulimala

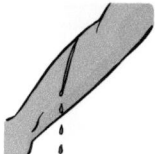
Blutung
kopha

Herzinfarkt
kuhlaselwa sifo senhlitiyo

Schlaganfall
kufa luhlangotsi

Allergie
i-aleji

Husten
kukhwehlela

Fieber
kushisa

Grippe
umkhuhlane

Durchfall
kusheka

Kopfschmerzen
kubulawa yinhloko

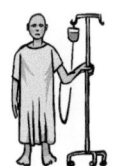
Krebs
umdlavuza

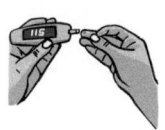
Diabetis
kuba nashukela

Chirurg
dokotela

Skalpell
umukhwa wekusika wabodokotela

Operation
kusikwa

Krankenhaus - sibhedlela

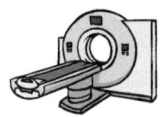

CT
i-CT

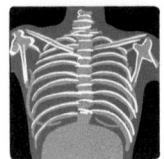

Röntgen
i-x ray

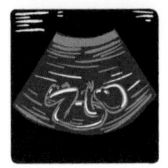

Ultraschall
umsindvo

Maske
sifonyo

Krankheit
sifo

Wartezimmer
ligumbi lekulindza

Krücke
indvuku yekuhamba

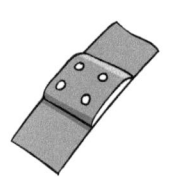

Pflaster
i-plaster

Verband
ibhandishi

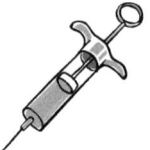

Injektion
umjovo

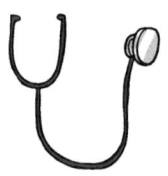

Stethoskop
lithulusi labodokotela lekulalela inhlitiyo

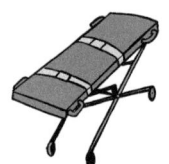

Trage
luhlaka

Thermometer
kwekuhlola lizinga lemuntfu lekushisa

Geburt
kutalwa

Übergewicht
kunona kakhulu

Krankenhaus - sibhedlela

Hörgerät
insita tekuva etindlebeni

Desinfektionsmittel
sibulali magciwane

Infektion
kwesuleleka ngesifo

Virus
ligciwane

HIV / AIDS
i-HIV / AIDS

Medizin
umutsi

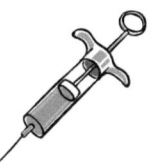
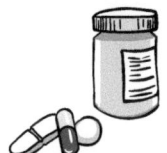

Impfung
kugoma

Tabletten
emaphilisi

Pille
liphilisi

Notruf
lucingo loluphutfumako

Blutdruck-Messgerät
sicaphi semfutfo wengati

krank / gesund
gula / umcemane

Notfall
simo lesiphutfumako

Hilfe!
Lusito!

Alarm
i-alamu

Überfall
kuhlukumeta

Angriff
kuhlasela

Gefahr
ingoti

Notausgang
umnyango wekuphuma nakuphutfuma

Feuer!
Umlilo

Feuerlöscher
sicishamlilo

Unfall
ingoti

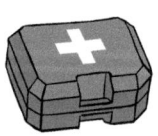

Erste-Hilfe-Koffer
ikhidi yelusito lwekucala

SOS
SOS

Polizei
emaphoyisa

Erde
Umhlaba

Europa
i-Europe

Nordamerika
iNyakatfo YeMelika

Südamerika
iNingizimu YeMelika

Afrika
i-Afrika

Asien
i-Asia

Australien
i-Australia

Atlantik
i-Atlantic

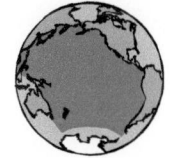

Pazifik
i-Pacific

Indischer Ozean
i-Idian Ocean

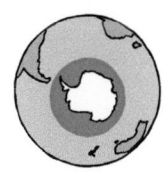

Antarktischer Ozean
i-Antarctic Ocean

Arktischer Ozean
i-Arctic Ocean

Nordpol
Ligumbi laseNyakatfo

Südpol
Ligumbi laseNingizimu

Antarktis
iAntarctica

Erde
Umhlaba

Land
indzawo

Meer
lwandle

Insel
sichingi

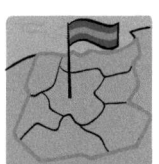
Nation
sive

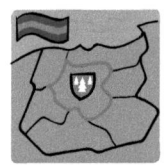
Staat
umbuso

Uhr
Iiwashi

Zifferblatt
buso beliwashi

Stundenzeiger
li-awa

Minutenzeiger
imizuzu

Sekundenzeiger
imizuzwana

Wie spät ist es?
sikhatsi sini nyalo?

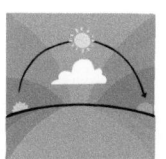
Tag
lusuku

Zeit
sikhatsi

jetzt
nyalo

Digitaluhr
liwashi lesimanjemanje

Minute
umzuzu

Stunde
li-awa

Woche
liviki

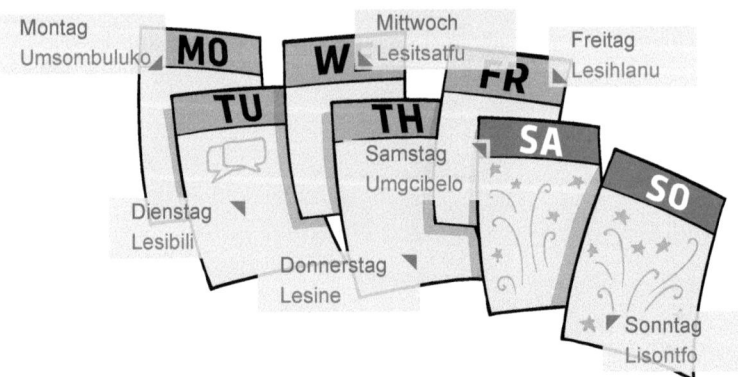

gestern
itolo

heute
lamuhla

morgen
kusasa

Morgen
ekuseni

Mittag
emini

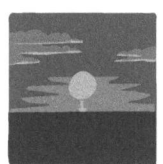
Abend
entsambama

Arbeitstage
emalanga emsebenti

Wochenende
imphelasontfo

Jahr
umnyaka

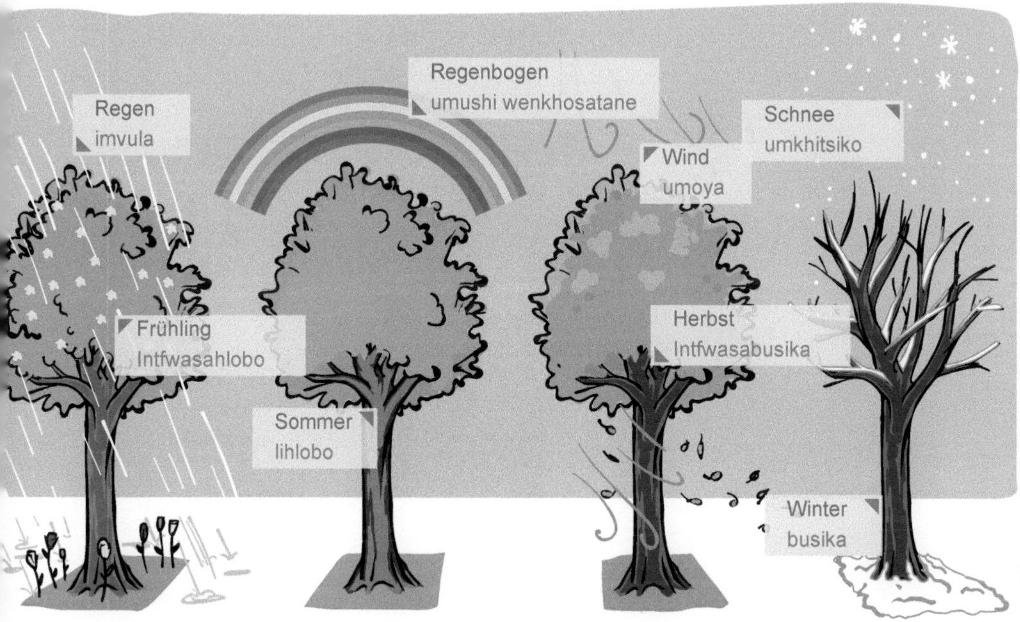

Regen
imvula
Regenbogen
umushi wenkhosatane
Schnee
umkhitsiko
Wind
umoya
Frühling
Intfwasahlobo
Herbst
Intfwasabusika
Sommer
lihlobo
Winter
busika

4.APRIL 11°
5.APRIL 4°
6.APRIL 13°
7.APRIL 8°
8.APRIL 10°

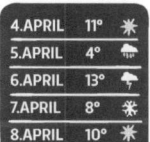

Wettervorhersage

simo selitulo

F C
120 40
90 30
60 20
30 10
0 0
-30 -10
-20

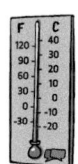

Thermometer

kwekuhlola lizinga lekushisa

Sonnenschein

kubalela

Wolke

emafu

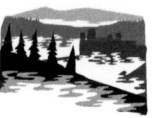

Nebel

inkhungu

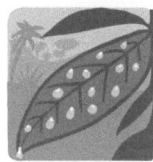

Luftfeuchtigkeit

umswakamo

Blitz
umbane

Donner
umbane

Sturm
kudvuma lobunebungoti

Hagel
sangcotfo

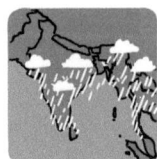
Monsun
inyeti

Flut
tikhukhula

Eis
lichwa

Januar
Bhimbidvwane

Februar
Indlovana

März
Indlovulenkhulu

April
Mabasa

Mai
Inkhwenkhweti

Juni
Inhlaba

Juli
Kholwane

August
Ingci

Jahr - umnyaka

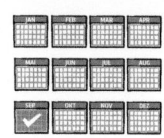
September
Inyoni

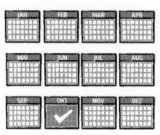
Oktober
Imphala

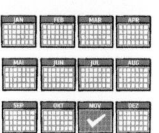
November
Lweti

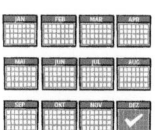
Dezember
Ingongoni

Formen
kubumbeka kwetintfo

Kreis
indingiliza

Quadrat
sikwele

Rechteck
umdvwebo lonetinhlangotsi letindze letilinganako

Dreieck
ncantsatfu

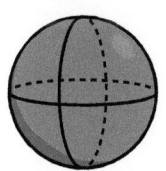
Kugel
i-sphere

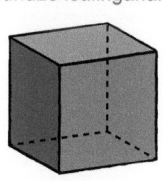
Würfel
ikhiyubhu

Farben
imibala

weiß
kumhlophe

gelb
phuti

orange
sheli

pink
kupinki

rot
kubovu

lila
kunsomi

blau
luhlata

grün
luhlata njengetjani

braun
loku-brown

grau
mtfubi

schwarz
mnyama

Gegenteile
lokwehlukile

viel / wenig
kunyenti / kuncane

wütend / friedlich
kutfukutsela / kwehlisa umoya

hübsch / hässlich
buhle / bubi

Anfang / Ende
sicalo / siphetfo

groß / klein
bukhulu / buncane

hell / dunkel
kukhanya / bumnyama

Bruder / Schwester
bhuti / sisi

sauber / schmutzig
kuhloba / kungcola

vollständig / unvollständig
kuphelela / kungapheleli

Tag / Nacht
imi / busuku

tot / lebendig
kufa / kuphila

breit / schmal
kubanti / kuncane

genießbar / ungenießbar

lokudliwako / lokungadliwa

böse / freundlich

inhlitiyo lembi / umusa

aufgeregt / gelangweilt

kutsakasa / kudvumala

dick / dünn

sidudla / umcondvo

zuerst / zuletzt

kwekucala / kwekugcina

Freund / Feind

umngani / sitsa

voll / leer

kugcwala / kute lutfo

hart / weich

kucina / kutsamba

schwer / leicht

kusindza / kulula

Hunger / Durst

kulamba / koma

krank / gesund

gula / umcemane

illegal / legal

kungabi semtsetfweni / kuba semtsetfweni

intelligent / dumm

kuhlakanipha / bulima

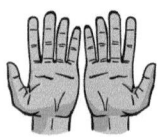

links / rechts

sencele / sekudla

nah / fern

dvutane / khashane

Gegenteile - lokwehlukile

neu / gebraucht

lokusha / lokudzala

nichts / etwas

kute lutfo / kunalokutsite

alt / jung

budzala / busha

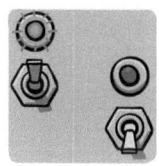

an / aus

kuyasebenta / akusebenti

offen / geschlossen

kuvulekile / kuvalekile

leise / laut

kuthula / umsindvo

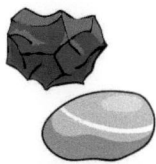

reich / arm

kunjinga / kuphuya

richtig / falsch

kulungile / akukalungi

rau / glatt

kuyahhedla / kuyashelela

traurig / glücklich

kuva buhlungu / kujabula

kurz / lang

kufishane / kudze

langsam / schnell

kunwabuka / kushesha

nass / trocken

kumanti / komile

warm / kühl

kufutfumele / kusivuvu

Krieg / Frieden

imphi / kuthula

Gegenteile - lokwehlukile

Zahlen
tinombolo

0 null / indilinga

1 eins / kunye

2 zwei / kubili

3 drei / kutsatfu

4 vier / kune

5 fünf / sihlanu

6 sechs / sitfupha

7 sieben / sikhombisa

8 acht / siphohlongo

9 neun / yimfica

10 zehn / lishumi

11 elf / lishumi nakunye

12

zwölf
lishumi nakubili

13

dreizehn
lishumi nakutsatfu

14

vierzehn
lishumi nakune

15

fünfzehn
lishumi nesihlanu

16

sechzehn
lishumi nesitfupha

17

siebzehn
lishumi nesikhombisa

18

achtzehn
lishumi nesiphohlongo

19

neunzehn
lishumi nemfica

20

zwanzig
emashumi lamabili

100

hundert
likhulu

1.000

tausend
inkhulungwane

1.000.000

million
sigidzi

Zahlen - tinombolo

Sprachen
tilwimi

Englisch
Singisi

Amerikanisches Englisch
Singisi saseMelika

Chinesisch Mandarin
SiMandarini seseShayina

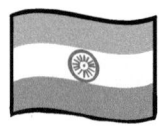

Hindi
SiHindi

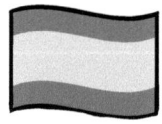

Spanisch
Sipanishi

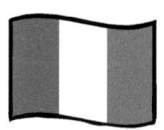

Französisch
SiFulentji

Arabisch
Si-Arabu

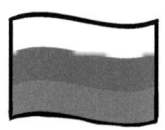

Russisch
SiRashiya

Portugiesisch
SiPhuthukezi

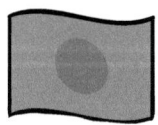

Bengalisch
SiBhengali

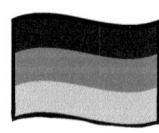

Deutsch
SiJalimane

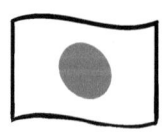

Japanisch
SiJapane

wer / was / wie
ngubani / ini / njani

ich
Mine

du
wena

er / sie / es
yena / yona

wir
tsine

ihr
nine

sie
bona

wer?
bani?

was?
ini?

wie?
njani?

wo?
kuphi?

wann?
nini?

Name
libito

wo
kuphi

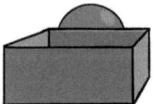

hinter
ngemuva

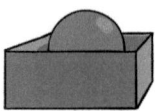

in
ekhatsi

vor
embi kwe

über
ngenhla

auf
etulu

unter
ngephansi

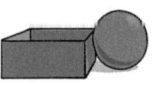

neben
eceleni

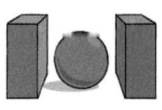

zwischen
emkhatsini

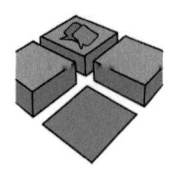

Ort
indzawo